# ÍNDICE

# Desbloqueando a Riqueza: Transforme suas Dívidas em Prosperidade com Neville Goddard

Raphael Goulart

## Dedicatória

A Neville Goddard, cujos ensinamentos transformadores continuam a iluminar o caminho daqueles que buscam desbloquear a verdadeira riqueza interior. Sua sabedoria atemporal e sua visão inspiradora têm sido uma fonte constante de orientação e inspiração. Que este livro possa honrar seu legado ao capacitar os leitores a transformarem suas dívidas em prosperidade e a manifestarem uma vida de abundância.

# PREFÁCIO

E aí, pessoal!

Bem-vindos ao mundo da abundância e da prosperidade financeira! Se você está cansado de ficar se enrolando com dívidas e quer dar um jeito nessa situação de uma vez por todas, este livro é para você. Não, não estamos falando de mágica ou de fórmulas mirabolantes. Aqui, vamos mergulhar em algo bem prático e real: o método de Neville Goddard.

Pode ser que você nunca tenha ouvido falar de Neville, e tudo bem! A gente vai explicar tudinho, do jeito mais simples possível. Mas olha só, prepare-se para uma viagem meio diferente. Vamos falar sobre visualização, afirmações e outras coisinhas que podem parecer meio esquisitas no começo, mas que vão fazer toda a diferença na sua vida financeira.

Então, se você tá pronto pra deixar pra trás as preocupações com grana e começar a viver uma vida de fartura, siga em frente e mergulhe de cabeça neste livro. Prometemos que vai valer a pena!

Bora lá, Time do Desbloqueando a Riqueza

# SOBRE NEVILLE GODDARD

Neville Goddard, um mestre do poder da mente e da manifestação, deixou um legado que ecoa através das décadas, inspirando milhões a descobrir o poder interior que possuem. Nascido em 1905, na ilha de Barbados, Neville embarcou em uma jornada espiritual que o levou a explorar os mistérios do universo e da mente humana.

Com uma presença magnética e uma voz envolvente, Neville cativava audiências ao redor do mundo com suas palestras e ensinamentos revolucionários. Ele não apenas pregava teorias abstratas, mas oferecia técnicas práticas e acessíveis para transformar vidas. Seu livro icônico, "O Poder da Consciência", continua a ser uma fonte de inspiração para aqueles que buscam compreender e dominar as leis do universo.

O cerne dos ensinamentos de Neville residia na ideia simples, porém profundamente transformadora, de *que nossos pensamentos criam nossa realidade*. Ele ensinava que *ao imaginar e sentir o que desejamos como se já fosse uma realidade, podemos atrair essas experiências para nossas vidas.* Essa abordagem prática e direta ressoou profundamente com pessoas de todas as origens e crenças, permitindo-lhes assumir o controle de seus destinos e criar vidas de abundância e realização.

Ao longo de sua vida, Neville desafiou as convenções estabelecidas e encorajou outros a fazerem o mesmo. Ele nos lembrou que somos os arquitetos de nossa própria realidade e que temos o poder de transformar nossas vidas para melhor.

Seus ensinamentos atemporais continuam a inspirar aqueles que buscam alcançar seus sonhos e manifestar uma vida verdadeiramente extraordinária.

Neville Goddard pode ter partido deste mundo em 1972, mas seu impacto perdura, iluminando o caminho daqueles que buscam a verdade e a realização. Sua sabedoria continua a guiar e inspirar gerações, lembrando-nos de que o poder para criar uma vida abundante reside dentro de cada um de nós.

# INTRODUÇÃO

Ei, você aí! Já parou pra pensar como seria a sua vida se você não tivesse mais aquela dor de cabeça constante por causa das dívidas? Se pudesse abrir a carteira sem aquele aperto no coração, sabendo que suas finanças estão sob controle? Bem, acredite ou não, isso é possível. E não estamos falando de uma fórmula mágica ou de ganhar na loteria. Estamos falando de algo muito mais poderoso: a transformação da sua relação com o dinheiro através dos ensinamentos de Neville Goddard.

Aqui, neste livro, vamos embarcar em uma jornada rumo à abundância e prosperidade financeira. Mas antes de avançarmos, deixe-me te contar um pouco sobre como tudo começou.

Imagine-se em uma sala de aula comum. Não, não é uma sala de aula como qualquer outra. Estamos em Barbados, no início do século XX, e um jovem chamado Neville Goddard está prestes a mudar a vida de milhares de pessoas ao redor do mundo. Neville, um homem simples, mas profundamente sábio, descobriu algo extraordinário: o poder da mente na criação da realidade.

Você pode estar se perguntando o que isso tem a ver com suas dívidas e sua situação financeira atual. Bem, é simples: tudo. Porque, você vê, a forma como pensamos sobre o dinheiro, as crenças que carregamos em relação à riqueza e à escassez, têm um impacto direto em nossa experiência financeira. E é aí que entram os ensinamentos de Neville.

Neville ensinava que somos os criadores de nossa própria

realidade. Que nossos pensamentos e imaginações têm o poder de moldar o mundo ao nosso redor. E isso inclui, é claro, nossa situação financeira. Mas como exatamente podemos usar esse poder para transformar nossas vidas?

Bem, é isso que vamos descobrir juntos ao longo das páginas deste livro. Vamos explorar técnicas simples, mas incrivelmente eficazes, de visualização criativa, afirmações positivas e mudança de mentalidade que podem ajudá-lo a pagar suas dívidas e criar uma vida de abundância.

Agora, pode ser que você esteja um pouco cético(a) neste momento. E tudo bem, eu entendo. Afinal, o que estamos propondo aqui é um tanto diferente do que estamos acostumados a ouvir quando se trata de finanças. Mas peço que você reserve um momento para deixar de lado suas dúvidas e dar uma chance a este novo caminho.

Ao longo das próximas páginas, você encontrará histórias reais de pessoas que transformaram suas vidas financeiras seguindo os ensinamentos de Neville. Você descobrirá como mudar sua mentalidade em relação ao dinheiro pode abrir portas que você nem sabia que estavam lá. E, o mais importante, você aprenderá práticas simples que pode começar a aplicar hoje mesmo para começar a ver mudanças reais em sua vida.

Então, se você está pronto para dar o primeiro passo em direção a uma vida de abundância e prosperidade, venha comigo. Vamos desvendar juntos os segredos da transformação financeira através dos ensinamentos de Neville Goddard. Estou animado(a) para compartilhar esta jornada com você. Vamos lá!

# CAPÍTULO 1: DESPERTANDO PARA A ABUNDÂNCIA

Bem-vindo(a) ao primeiro passo da sua jornada rumo à transformação financeira. Neste capítulo, vamos mergulhar no fascinante mundo do método revolucionário de Neville Goddard para manifestar a riqueza e, mais importante ainda, vamos enfrentar de frente as crenças limitantes que têm mantido você preso(a) a um ciclo de escassez e dívidas.

Imagine-se diante de um espelho. Não um espelho comum, mas um espelho que reflete não apenas sua imagem física, mas também seus pensamentos, suas crenças e seus padrões emocionais em relação ao dinheiro. O que você vê? Se a resposta for uma mistura de esperança e frustração, você não está sozinho(a). Muitos de nós crescemos imersos em uma cultura que nos ensina que o dinheiro é escasso, que precisamos lutar para ganhá-lo e que nunca teremos o suficiente.

Mas e se eu te disser que essa não é a verdade? E se eu te disser que o dinheiro é apenas uma manifestação de nossas crenças e pensamentos, e que podemos mudar essa realidade? É isso que Neville Goddard nos ensina. Ele nos mostra que somos os mestres de nossos destinos, os criadores de nossa própria realidade, e que podemos moldar nossa experiência financeira da mesma forma que moldamos qualquer outra área de nossas vidas.

Então, vamos começar desafiando essas crenças limitantes. Pegue um papel e uma caneta e comece a escrever todas as mensagens negativas que você já ouviu sobre o dinheiro. "O dinheiro é a raiz de todo mal." "Para ser rico, você precisa pisar nos outros." "Eu nunca serei rico(a)." Deixe tudo sair, sem julgamentos. Agora, olhe para essas mensagens com um novo olhar. São realmente verdadeiras? Ou são apenas histórias que você se acostumou a contar a si mesmo(a)?

Ao confrontar essas crenças, você está dando o primeiro passo para a transformação. Porque aqui está a verdade: você merece ser próspero(a). Você merece viver uma vida abundante, livre das amarras da dívida e da escassez. E o primeiro passo para alcançar essa abundância é mudar sua mentalidade.

Ao longo deste livro, vamos explorar técnicas poderosas para reprogramar sua mente e criar uma realidade financeira. Vamos aprender a visualizar a abundância, a afirmar nossa prosperidade e a agir de acordo com nossos sonhos mais elevados. E o mais importante, vamos nos lembrar de que somos os arquitetos de nossa própria fortuna, e que podemos criar uma vida de abundância a qualquer momento que escolhermos.

Então, está pronto(a) para começar esta jornada? Está pronto(a) para desafiar suas crenças limitantes e abraçar a verdadeira natureza da abundância? Se sim, vamos em frente. O mundo da riqueza espera por você, e está na hora de você reivindicar o seu lugar nele. Vamos juntos!

# CAPÍTULO 2: A MÁGICA DA VISUALIZAÇÃO CRIATIVA

Agora, vamos entrar no mundo da visualização criativa, uma ferramenta poderosa que Neville Goddard nos ensina a usar para criar uma realidade financeira abundante. Mas antes de mergulharmos de cabeça, vamos entender o que exatamente é essa tal de visualização criativa.

Pense nisso como se fosse um filme na sua mente. Você fecha os olhos e começa a imaginar vividamente a vida que deseja viver. Você se vê com uma conta bancária recheada, desfrutando de luxos, viajando pelo mundo, ou simplesmente vivendo com tranquilidade financeira. E o mais importante, você sente essas imagens como se já fossem realidade. É como se você estivesse vivendo essa vida dos seus sonhos aqui e agora.

Isso pode parecer bobagem para alguns, mas a verdade é que a visualização criativa tem um poder incrível. Quando você alimenta sua mente com imagens positivas e emociona-se com elas, está enviando uma mensagem clara para o universo: "É isso que eu quero, e estou pronto para recebê-lo".

Agora, eu sei que pode ser difícil no começo. Talvez você se sinta bobo(a) sentado(a) aí com os olhos fechados, imaginando-se rico(a) e próspero(a). Mas acredite em mim quando digo que vale a pena persistir. Quanto mais você praticar, mais natural se tornará, e mais rápido verá os resultados.

Então, vamos fazer um exercício juntos agora. Feche os

olhos e respire fundo. Imagine-se em um lugar tranquilo e seguro. Pode ser uma praia ensolarada, um jardim florido, ou até mesmo o conforto do seu próprio lar. Agora, comece a visualizar sua vida financeira ideal. Veja-se pagando suas dívidas com facilidade, ganhando dinheiro de forma abundante, e desfrutando da liberdade financeira que sempre desejou. Sinta a alegria, a gratidão e a confiança que vêm com essa realidade.

Mantenha essa imagem em sua mente pelo tempo que desejar, e quando estiver pronto(a), abra os olhos e retorne ao presente. Como se sente? Mais leve? Mais confiante? Espero que sim.

Este é apenas o começo da sua jornada de visualização criativa. Ao longo deste livro, vamos explorar mais técnicas e exercícios para ajudá-lo(a) a reprogramar sua mente e atrair prosperidade para sua vida. Esteja pronto(a) para se surpreender com o poder que você tem em suas mãos. Vamos juntos criar uma realidade financeira abundante. Estou animado(a) para continuar esta jornada ao seu lado. Vamos em frente!

Agora que você experimentou um pouquinho da magia da visualização criativa, está na hora de aprofundarmos ainda mais nessa prática. Vamos explorar alguns exercícios práticos que podem ajudá-lo(a) a reprogramar sua mente e atrair ainda mais prosperidade para sua vida.

Um dos exercícios mais simples e poderosos que você pode começar a fazer agora mesmo é criar um quadro de visualização. Pegue uma folha de papel ou um painel de cortiça e comece a reunir imagens que representem seus objetivos financeiros. Pode ser uma foto de uma casa dos sonhos, um cartão de crédito zerado, ou até mesmo um recorte de uma revista mostrando uma viagem exótica que você deseja fazer. Cole todas essas imagens no seu quadro de visualização e coloque-o em um local onde você possa vê-lo todos os dias. Isso vai ajudar a manter seus objetivos financeiros sempre presentes em sua mente e reforçar sua visualização criativa.

Outro exercício simples é criar afirmações positivas relacionadas à sua situação financeira. Por exemplo, você pode dizer para si mesmo(a) todos os dias: **"Eu sou digno(a) de prosperidade e abundância"**, ou "Eu atraio dinheiro com facilidade e alegria". Repita essas afirmações em voz alta ou em sua mente várias vezes ao dia, especialmente pela manhã e antes de dormir. Isso ajudará a reprogramar sua mente para pensar de forma mais positiva e atrair mais riqueza para sua vida.

Além desses exercícios, também é importante cultivar uma atitude de gratidão em relação ao dinheiro. Em vez de focar no que você não tem, concentre-se no que já possui e agradeça por isso. Pode ser uma quantia que você recebeu inesperadamente, uma oportunidade de trabalho ou até mesmo coisas simples, como um belo dia de sol ou uma refeição deliciosa. Quanto mais você se concentra no que é bom em sua vida financeira, mais você atrai experiências positivas semelhantes.

Com esses exercícios simples, você estará no caminho certo para reprogramar sua mente e atrair mais prosperidade para sua vida. Lembre-se, a chave é praticar essas técnicas regularmente e manter uma atitude de abertura e receptividade em relação à abundância. Você está no controle de sua própria realidade financeira, e o universo está pronto para apoiá-lo(a) em sua jornada rumo à riqueza. Continue praticando, continue visualizando e continue atraindo tudo o que deseja. Você está no caminho certo para uma vida de abundância.

# CAPÍTULO 3: TRANSFORMANDO DÍVIDAS EM OPORTUNIDADES

Agora que começamos a desvendar os segredos da visualização criativa, é hora de aplicarmos esses princípios para transformar suas dívidas em oportunidades e construir um futuro financeiro sólido. Mas antes de irmos direto ao assunto, precisamos abordar um aspecto fundamental: sua mentalidade.

Você já ouviu falar na expressão "mente sobre matéria"? Pois bem, essa é a chave para transformar sua situação financeira. Em vez de se deixar dominar pelo medo e pela preocupação com suas dívidas, é hora de **mudar sua mentalidade de escassez para uma mentalidade de abundância**. Isso significa deixar de lado a ideia de que o dinheiro é limitado e começar a acreditar que há **inúmeras oportunidades** ao seu redor esperando para serem aproveitadas.

Então, como você faz isso na prática? Primeiro, é importante reconhecer que suas dívidas não definem quem você é. Elas são apenas uma parte temporária da sua jornada financeira e podem ser superadas com determinação e foco. Comece mudando a forma como você se refere às suas dívidas. Em vez de vê-las como um fardo, encare-as como oportunidades de crescimento e aprendizado. Afinal, cada dívida paga é um passo mais perto da liberdade financeira.

Agora, vamos aplicar os princípios de Neville para transformar essas oportunidades em realidade. Feche os olhos e imagine-se livre de todas as suas dívidas. Sinta a sensação de alívio e liberdade que vem com essa realização. Agora, imagine-se construindo um futuro financeiro sólido e próspero. Veja-se tomando decisões financeiras sábias, investindo seu dinheiro com sabedoria e criando uma base sólida para o seu sucesso financeiro futuro.

Mantenha essa imagem em sua mente sempre que se encontrar preocupado com suas dívidas. Lembre-se de que você tem o poder de criar sua própria realidade financeira e que **o universo está sempre conspirando a seu favor**. Quanto mais você se concentra em suas oportunidades em vez de suas dívidas, mais você atrai experiências positivas em sua vida.

Além disso, é importante agir de acordo com essa nova mentalidade de abundância. Isso significa tomar medidas concretas para pagar suas dívidas e construir um futuro financeiro sólido. Faça um plano para pagar suas dívidas, defina metas claras e dê passos consistentes em direção a esses objetivos. Lembre-se de que cada pequeno passo que você dá é um passo na direção certa.

Com essas estratégias e uma mentalidade de abundância, você está no caminho certo para transformar suas dívidas em oportunidades e construir um futuro financeiro sólido. Lembre-se sempre do poder que você tem em suas mãos e nunca duvide da sua capacidade de criar a vida que deseja. Você está no controle do seu próprio destino financeiro, e o futuro está repleto de possibilidades emocionantes. Vamos juntos transformar suas dívidas em oportunidades e criar uma vida abundante.

Agora que você compreende a importância de mudar sua mentalidade em relação às dívidas e está pronto para aplicar os princípios de Neville, é hora de darmos o próximo passo. Vamos explorar algumas estratégias práticas para começar a pagar suas dívidas e construir um futuro financeiro sólido.

A primeira estratégia é **priorizar suas dívidas**. Faça uma lista de todas as suas dívidas, desde aquelas com juros mais altos até as de menor valor. Em seguida, concentre-se em pagar as dívidas com os juros mais altos primeiro. Isso ajudará a reduzir seus custos com juros ao longo do tempo e acelerar sua jornada rumo à liberdade financeira.

Outra estratégia importante é **criar um orçamento**. Analise seus gastos mensais e identifique áreas onde você pode economizar. Em seguida, defina um plano para direcionar essas economias para o pagamento de suas dívidas. Lembre-se de que cada centavo economizado é um passo mais perto de sua liberdade financeira.

Além disso, é importante **aumentar sua renda** sempre que possível. Considere procurar por oportunidades de trabalho adicional, negociar um aumento salarial ou explorar outras formas de renda extra, como freelancing ou vendas online. Quanto mais você ganha, mais rápido pode pagar suas dívidas e criar um futuro financeiro sólido.

Por fim, não se esqueça de **celebrar suas vitórias** ao longo do caminho. *Cada dívida paga é uma conquista significativa e merece ser comemorada.* Reconheça o progresso que você está fazendo e use isso como motivação para continuar avançando em direção aos seus objetivos financeiros.

Com essas estratégias e uma mentalidade de abundância, você está no caminho certo para transformar suas dívidas em oportunidades e construir um futuro financeiro sólido. Lembre-se de que cada passo que você dá é um passo na direção certa, e que o universo está sempre apoiando você em sua jornada rumo à liberdade financeira. Continue firme, continue focado(a) e nunca duvide do poder que você tem em suas mãos. Estou animado(a) para ver os resultados incríveis que você alcançará! Vamos juntos criar uma vida de abundância e prosperidade.

# CAPÍTULO 4: O PODER DAS AFIRMAÇÕES

Neste capítulo, vamos explorar o incrível poder das afirmações positivas na manifestação de riqueza e na eliminação de dívidas. As afirmações são declarações positivas que você faz a si mesmo(a) regularmente para reprogramar sua mente e atrair experiências positivas em sua vida. E quando combinadas com os ensinamentos de Neville Goddard, tornam-se uma ferramenta poderosa para transformar sua realidade financeira.

Primeiro, vamos entender como as afirmações funcionam. Quando você repete uma afirmação positiva regularmente, está enviando uma mensagem clara para sua mente subconsciente de que essa é a realidade que você deseja criar. Ao se concentrar em pensamentos e palavras positivas, você está sintonizando sua mente para atrair experiências semelhantes em sua vida.

Agora, vamos explorar alguns exemplos práticos de afirmações eficazes baseadas nos ensinamentos de Neville Goddard:

1. "Eu sou digno(a) de prosperidade e abundância em todas as áreas da minha vida."

Esta afirmação reforça a crença fundamental de que você merece viver uma vida abundante em todas as áreas, incluindo financeira. Ao repeti-la regularmente, você está fortalecendo sua autoestima e abrindo-se para receber a riqueza que o universo tem a oferecer.

2. "Eu sou grato(a) por cada centavo que entra na minha vida, e sei que mais está a caminho."

A gratidão é uma parte fundamental do processo de manifestação. Esta afirmação enfatiza a importância de reconhecer e apreciar todas as bênçãos financeiras que você já possui, ao mesmo tempo em que mantém a expectativa positiva de mais abundância no futuro.

3. "Cada pagamento que faço me liberta ainda mais da escravidão das dívidas."

Esta afirmação é poderosa porque muda sua percepção das dívidas de algo negativo para algo que está ajudando você a se libertar e progredir em direção à liberdade financeira. Ao focar na ideia de que cada pagamento está te aproximando do seu objetivo final, você se sente mais capacitado(a) e motivado(a) a continuar seguindo em frente.

4. "Eu sou um ímã para oportunidades financeiras lucrativas e prosperidade em abundância."

Esta afirmação enfatiza sua capacidade de atrair oportunidades financeiras e prosperidade em sua vida. Ao repeti-la regularmente, você está sintonizando sua mente para reconhecer e aproveitar as oportunidades que surgem ao seu redor, ajudando você a alcançar seus objetivos financeiros com mais facilidade.

Estes são apenas alguns exemplos de afirmações eficazes que você pode começar a usar imediatamente para transformar sua realidade financeira. Lembre-se de que a chave para o sucesso com as afirmações é a consistência e a sinceridade. Quanto mais você as repete com convicção e confiança, mais rápido verá os resultados em sua vida. Portanto, comece agora mesmo a incorporar essas afirmações em sua rotina diária e prepare-se para atrair mais prosperidade e abundância em sua vida.

Além dessas afirmações, é importante personalizar suas próprias declarações positivas de acordo com suas necessidades e objetivos específicos. Aqui estão algumas dicas para criar suas próprias afirmações personalizadas:

1. Seja específico(a): Ao criar suas afirmações, seja o mais específico(a) possível sobre seus objetivos financeiros. Em vez de dizer "Eu sou rico(a)", você pode dizer "Eu tenho uma renda mensal de X reais" ou "Eu sou dono(a) da minha própria casa". Quanto mais detalhada for sua afirmação, mais clara será a mensagem que você está enviando para sua mente subconsciente.

2. Use linguagem positiva: Certifique-se de que suas afirmações sejam formuladas de forma positiva e afirmativa. Em vez de dizer "Eu não tenho mais dívidas", diga "Eu sou livre de dívidas". Isso ajuda a evitar o foco nas coisas que você não quer e a concentrar-se no que deseja atrair para sua vida.

3. Sinta as emoções: Ao repetir suas afirmações, tente se conectar emocionalmente com elas. Visualize-se vivendo a realidade que está declarando e sinta as emoções positivas associadas a ela. Quanto mais você se sintoniza com essas emoções, mais poderosas suas afirmações se tornam.

4. Repita regularmente: A consistência é fundamental quando se trata de afirmações. Faça questão de repetir suas afirmações regularmente, todos os dias, de preferência várias vezes ao dia. Você pode escrevê-las em cartões que carrega consigo, colocá-las em lugares estratégicos em sua casa ou simplesmente recitá-las em sua mente sempre que sentir necessidade.

Com essas dicas em mente, você está pronto(a) para começar a criar e usar suas próprias afirmações personalizadas para manifestar riqueza e eliminar dívidas em sua vida. Lembre-se de que o poder está em suas mãos e que você tem o potencial de criar a vida financeira dos seus sonhos. Portanto, aproveite essa ferramenta poderosa e faça dela uma parte integrante de sua jornada rumo à prosperidade e abundância.

Ao aplicar consistentemente essas afirmações positivas em

sua vida diária, você estará reprogramando sua mente para atrair mais riqueza e abundância. Lembre-se de que cada palavra que você diz a si mesmo(a) tem o poder de moldar sua realidade, então escolha suas afirmações com cuidado e intenção.

Além de repetir suas afirmações regularmente, também é útil incorporá-las em suas práticas de visualização criativa. Ao visualizar seus objetivos financeiros enquanto repete suas afirmações, você está ampliando ainda mais o impacto dessas declarações em sua mente subconsciente.

Outra maneira poderosa de fortalecer suas afirmações é praticar a gratidão. Ao expressar gratidão pelas bênçãos financeiras que você já possui e pelas conquistas que alcançou, você está enviando uma mensagem ao universo de que está aberto(a) para receber ainda mais.

Lembre-se de que o sucesso com as afirmações requer tempo, paciência e prática consistente. Não desanime se não ver resultados imediatos. Continue acreditando no poder das suas palavras e mantenha o foco em suas metas financeiras. Com o tempo, você começará a ver mudanças positivas em sua vida financeira e a manifestar a riqueza que sempre desejou.

Portanto, comece hoje mesmo a incorporar afirmações positivas em sua rotina diária. Seja gentil consigo mesmo(a), celebre cada pequena vitória ao longo do caminho e confie no processo. Você é capaz de criar uma vida de abundância e prosperidade, e suas afirmações são uma ferramenta poderosa para ajudá-lo(a) a alcançar esse objetivo. Estou animado(a) para ver o que o futuro reserva para você e para testemunhar as maravilhas que você será capaz de manifestar em sua vida financeira. Vamos juntos rumo à riqueza!

# CAPÍTULO 5: PRÁTICAS DIÁRIAS PARA A PROSPERIDADE

Neste capítulo, vamos mergulhar em práticas diárias que podem ajudá-lo(a) a alcançar e manter a prosperidade financeira. Essas práticas são fundamentais para fortalecer sua conexão com a abundância e criar uma base sólida para o sucesso financeiro contínuo. Vamos explorar algumas técnicas inspiradas nos ensinamentos de Neville Goddard que podem transformar sua vida financeira.

**Visualização Criativa Dirigida:** Reserve alguns minutos todas as manhãs para visualizar de forma clara e detalhada seus objetivos financeiros. Imagine-se vivendo a vida dos seus sonhos, com todas as suas necessidades e desejos financeiros atendidos. Visualize-se fazendo escolhas financeiras sábias e alcançando sucesso em todas as áreas da sua vida. Sinta as emoções positivas associadas a essa realidade e agradeça ao universo por todas as bênçãos que estão a caminho.

**Meditação da Abundância:**

Na Meditação da Abundância, é essencial criar um ambiente tranquilo e confortável, onde você possa se concentrar plenamente no processo. Encontre um local silencioso onde você não será interrompido(a) e sente-se ou deite-se em uma posição confortável. Feche os olhos suavemente e comece a respirar profundamente, permitindo que sua mente e seu corpo relaxem.

À medida que você se aprofunda na meditação, concentre-se

em sua respiração. Sinta o ar entrando em seus pulmões e saindo suavemente. Permita que sua respiração o(a) guie para um estado de calma e tranquilidade interior.

Agora, comece a visualizar um brilhante fluxo de energia abundante fluindo em sua direção. Imagine essa energia como uma luz dourada brilhante, irradiando uma sensação de calor e plenitude. Veja essa energia fluindo em sua direção de todas as direções, preenchendo cada célula do seu corpo com uma sensação de vitalidade e abundância.

Conforme você se permite absorver essa energia abundante, concentre-se em sentir-se rodeado(a) por ela. Sinta como se estivesse imerso(a) em um oceano de prosperidade, onde todas as suas necessidades são atendidas e todas as suas metas financeiras são alcançadas. Permita-se experimentar essa sensação de plenitude e gratidão pela abundância presente em sua vida.

Enquanto você continua mergulhado(a) nessa meditação, cultive um profundo sentimento de gratidão pela abundância que já existe em sua vida. Reconheça e aprecie todas as bênçãos financeiras que você já recebeu, grandes ou pequenas. Ao expressar gratidão, você está abrindo ainda mais espaço para receber ainda mais abundância em sua vida.

Ao final da meditação, respire profundamente mais algumas vezes, trazendo consigo essa sensação de abundância e gratidão. Abra os olhos lentamente e leve essa energia positiva com você ao longo do seu dia. Praticando regularmente essa meditação da abundância, você fortalecerá sua conexão com a prosperidade e criando uma mentalidade de abundância que atrairá mais riqueza para sua vida.

### Escrita de Afirmações:

Na prática da escrita de afirmações para fortalecer sua situação financeira, é fundamental reservar um momento todas as noites para se dedicar a este exercício. Encontre um momento tranquilo antes de dormir, onde você possa se concentrar completamente em si mesmo(a) e no processo de escrita.

Comece o exercício preparando um espaço tranquilo e confortável para escrever. Tenha à mão um caderno ou um bloco de notas e uma caneta. Desligue todas as distrações, como dispositivos eletrônicos, e permita-se estar presente no momento.

Ao começar a escrever suas afirmações, lembre-se de que é importante escolher frases que ressoem com você pessoalmente e que estejam alinhadas com seus objetivos financeiros. Seja específico(a) e positivo(a) em suas declarações. Por exemplo:

- "Eu sou digno(a) de prosperidade e sucesso financeiro em todas as áreas da minha vida."
- "Eu sou um ímã para oportunidades financeiras lucrativas e abundância em minha vida."
- "Eu tomo decisões financeiras sábias e inteligentes que me levam à estabilidade e prosperidade."
- "Eu sou grato(a) por todas as bênçãos financeiras que fluem para mim diariamente."

Ao escrever suas afirmações, concentre-se em cada palavra e sinta a energia positiva que elas evocam. Visualize-se vivendo a realidade descrita em cada afirmação e permita-se sentir as emoções de gratidão, confiança e alegria que acompanham essa visualização.

Repita suas afirmações em voz alta ou em sua mente enquanto as escreve, para reforçar sua mensagem e fortalecer sua conexão com a abundância. Ao fazer isso, você está programando sua mente subconsciente para acreditar em suas afirmações e atrair experiências financeiras positivas para sua vida.

Ao finalizar o exercício, reserve um momento para refletir sobre as afirmações que escreveu e sobre as emoções que elas evocaram. Sinta-se grato(a) por ter a oportunidade de criar uma mentalidade de prosperidade e abundância em sua vida e esteja aberto(a) para receber todas as bênçãos que o universo tem a oferecer.

Ao praticar regularmente a escrita de afirmações, você estará reforçando sua mentalidade de abundância e criando um ambiente propício para o sucesso financeiro em sua vida. Não subestime o poder das palavras e das emoções positivas - elas têm o poder de transformar sua realidade financeira e abrir caminho para uma vida de prosperidade e felicidade.

### Gratidão Financeira:

Na prática da gratidão financeira, inspirada nos ensinamentos de Neville Goddard, é importante cultivar uma profunda conexão com a abundância e reconhecer os presentes que o universo nos oferece diariamente. Antes de dormir, reserve um momento tranquilo para refletir sobre as bênçãos financeiras que você recebeu ao longo do dia.

Comece o exercício concentrando-se em sua respiração e relaxando seu corpo e mente. Permita-se sentir um profundo senso de calma e tranquilidade enquanto se prepara para praticar a gratidão financeira.

À medida que você se acalma, comece a revisitar seu dia e a reconhecer todas as maneiras pelas quais você foi abençoado(a) financeiramente. Isso pode incluir pequenas vitórias, como economizar dinheiro em uma compra ou receber um elogio no trabalho, bem como necessidades básicas atendidas, como ter um teto sobre sua cabeça e comida na mesa.

À medida que cada bênção financeira vem à mente, escreva-a em uma lista de gratidão. Ao escrever suas gratidões, permita-se sentir profundamente a emoção e a apreciação por cada uma delas. Visualize cada bênção como um presente valioso do universo, enviado para apoiá-lo(a) em sua jornada de prosperidade e crescimento financeiro.

Ao finalizar sua lista de gratidão, reserve um momento para ler cada item em voz alta e sentir-se verdadeiramente grato(a) por todas as bênçãos financeiras que você recebeu. Sinta como essa gratidão preenche seu coração e sua alma, e permita-se enviar uma poderosa mensagem de apreço ao universo.

Ao praticar regularmente a gratidão financeira antes de dormir, você está cultivando uma mentalidade de abundância e reconhecendo a presença constante da prosperidade em sua vida. Essa prática fortalece sua conexão com o fluxo infinito de recursos do universo e abre espaço para receber ainda mais bênçãos financeiras em sua jornada. Com cada palavra de gratidão, você está alinhando sua energia com a abundância e manifestando um futuro financeiro ainda mais próspero e gratificante.

Ao incorporar essas práticas diárias em sua rotina, você fortalecerá sua conexão com a abundância e criando uma mentalidade de prosperidade que atrairá mais riqueza para sua vida. Lembre-se de que a consistência é fundamental quando se trata dessas práticas. Quanto mais você as incorpora em sua vida diária, mais rapidamente verá os resultados em sua situação financeira. Portanto, comprometa-se com essas práticas e esteja aberto(a) para receber todas as bênçãos que o universo tem a oferecer. Estou animado(a) para ver os incríveis resultados que você alcançará através dessas práticas diárias para a prosperidade!

# CAPÍTULO 6: HISTÓRIAS DE SUCESSO: TESTEMUNHOS REAIS

Neste capítulo, vamos mergulhar em histórias reais de indivíduos que transformaram suas vidas financeiras através dos ensinamentos de Neville Goddard. Esses relatos inspiradores são exemplos vivos do poder das técnicas de manifestação e visualização criativa para alcançar a prosperidade financeira. Vamos explorar alguns estudos de caso detalhados e depoimentos emocionantes que ilustram a eficácia dessas práticas.

Um dos testemunhos mais inspiradores é o de Maria. Maria, uma mulher corajosa que enfrentou anos de dificuldades financeiras e o peso esmagador do estresse que acompanha o endividamento. Decidida a mudar sua situação, ela escolheu seguir os ensinamentos transformadores de Neville Goddard. Todos os dias, Maria reservava um momento para praticar visualizações intensas e detalhadas de uma vida de abundância e prosperidade. Ela se via recebendo cheques inesperados, assinando contratos lucrativos e desfrutando de uma liberdade financeira há muito desejada. Em suas visualizações, ela mergulhava em um estado de gratidão e felicidade, sentindo profundamente cada momento de prosperidade que imaginava.

Com o passar do tempo, algo extraordinário começou a acontecer. As visualizações vívidas e cheias de emoção de Maria começaram a se manifestar na sua realidade. Cheques inesperados começaram a chegar, oportunidades de negócios promissoras cruzaram seu caminho e uma sensação de alívio e liberdade financeira começou a tomar conta dela. Maria ficava maravilhada ao testemunhar suas visualizações tornando-se realidade diante de seus olhos.

À medida que sua prática de visualização se aprofundava, Maria experimentava uma transformação profunda em sua situação financeira. Suas dívidas começaram a diminuir gradualmente, enquanto sua renda aumentava de maneiras que ela jamais imaginara serem possíveis. O estresse financeiro que antes a sufocava lentamente se dissipava, dando lugar a uma sensação de paz e confiança no futuro.

Para Maria, as visualizações não eram apenas exercícios mentais; elas eram um lembrete poderoso do potencial ilimitado que ela possuía para moldar sua própria realidade. Ela percebeu que, ao manter sua mente focada na abundância e na prosperidade, ela podia atrair para sua vida tudo o que desejava. Maria se tornou a prova viva do incrível poder das técnicas de Neville Goddard e inspirou inúmeras outras pessoas a seguirem seu exemplo e transformarem suas próprias vidas através da prática da visualização criativa.

Outro exemplo inspirador é o de João. João é um exemplo inspirador de como as técnicas de Neville Goddard podem transformar vidas. Quando João se viu enfrentando dificuldades financeiras após perder seu emprego, ele se sentiu desanimado e incerto sobre o futuro. Foi então que ele decidiu aplicar os ensinamentos de Neville Goddard em sua vida, começando com a prática consistente de afirmações positivas.

Todos os dias, João dedicava um tempo para repetir afirmações como "Eu sou digno de prosperidade" e "Eu atraio oportunidades financeiras em minha vida". No início, essas afirmações podiam parecer simples palavras, mas à medida que João persistia em sua prática, algo incrível começou a acontecer:

sua mentalidade começou a mudar.

João começou a notar oportunidades financeiras surgindo ao seu redor. Ele encontrou maneiras criativas de aumentar sua renda e explorar novas oportunidades de trabalho. Mesmo diante dos desafios, João permaneceu firme em sua crença no poder das afirmações e da visualização criativa.

Com o tempo, João conseguiu um novo emprego com um salário mais alto do que o anterior. Ele se viu prosperando em sua carreira e desfrutando de uma vida financeira mais estável e gratificante. Hoje, João vive uma vida de abundância e gratidão, tudo graças à sua prática consistente das técnicas de Neville Goddard.

A história de João é um lembrete poderoso de que, independentemente das circunstâncias, podemos sempre escolher o poder de nossos pensamentos e crenças. Ao cultivar uma mentalidade de abundância e confiança no universo, podemos abrir caminho para um futuro financeiro brilhante e cheio de possibilidades. João é a prova viva de que é possível transformar dificuldades em oportunidades e criar uma vida de prosperidade e realização.

Esses são apenas dois exemplos entre muitos de como os ensinamentos de Neville Goddard podem transformar vidas financeiras. Essas histórias de sucesso nos lembram do poder que temos dentro de nós para moldar nossa realidade e criar a vida que desejamos. Ao praticar consistentemente as técnicas de visualização criativa, afirmações positivas e gratidão financeira, podemos abrir caminho para uma vida de abundância e prosperidade. Estes testemunhos nos inspiram a acreditar no poder das nossas mentes e no potencial ilimitado que cada um de nós possui para criar a vida dos nossos sonhos.

# CAPÍTULO 7: NAVEGANDO PELAS MARÉS FINANCEIRAS

Neste capítulo, vamos explorar estratégias práticas para lidar com desafios financeiros e manter-se no caminho da prosperidade, baseados nos ensinamentos de Neville Goddard. Vou compartilhar conselhos simples e eficazes para ajudá-lo(a) a gerenciar suas finanças de forma consciente e evitar armadilhas comuns que podem surgir ao longo do caminho. Além disso, vou apresentar alguns exercícios práticos inspirados em Neville Goddard para ajudá-lo(a) a fortalecer sua conexão com a abundância e a prosperidade.

**Mantenha o Foco na Abundância:**

Nos momentos de dificuldade financeira, é crucial lembrar que a escassez é apenas uma ilusão, criada pelo medo e pela falta de fé na própria capacidade de manifestar abundância. De acordo com os ensinamentos de Neville Goddard, a abundância é uma energia universal e infinita, disponível para todos nós, independentemente das circunstâncias externas.

Para cultivar essa mentalidade de abundância, é essencial praticar visualizações diárias. Dedique um tempo todos os dias para fechar os olhos e se ver vivendo uma vida de prosperidade e abundância. Imagine-se alcançando seus objetivos financeiros mais desejados, seja pagando suas dívidas, alcançando a estabilidade financeira ou desfrutando de um estilo de vida luxuoso.

Ao visualizar essas imagens com clareza e emoção, você está enviando uma poderosa mensagem ao universo sobre suas intenções e desejos. Quanto mais você se sintoniza com essa energia de abundância, mais você a atrai para sua vida. É importante cultivar uma sensação de gratidão e confiança durante essas visualizações, pois isso aumenta a eficácia do processo de manifestação.

Lembre-se de que suas visualizações não são apenas sonhos vazios; são representações vívidas e poderosas da realidade que você deseja criar. Ao se ver vivendo uma vida de prosperidade e abundância, você está plantando as sementes para sua futura realidade financeira. Mantenha o foco nessas visualizações e continue praticando regularmente, confiante de que o universo está trabalhando em seu favor para manifestar seus desejos mais profundos.

**Pratique a Gratidão Financeira:**

Nos ensinamentos de Neville Goddard, a gratidão desempenha um papel fundamental na manifestação da abundância. Ao reservar um tempo diário para expressar gratidão pelas bênçãos financeiras em sua vida, você está enviando uma mensagem poderosa ao universo, reconhecendo e apreciando todas as formas de prosperidade que já estão presentes em sua jornada.

Para praticar a gratidão financeira de acordo com os ensinamentos de Neville Goddard, reserve um momento tranquilo todos os dias para refletir sobre suas bênçãos financeiras. Faça uma lista das maneiras pelas quais você foi abençoado(a) financeiramente, desde as necessidades básicas atendidas até as pequenas vitórias financeiras que você alcançou. Reconheça e aprecie cada item em sua lista, permitindo-se sentir profundamente a gratidão por cada bênção.

Ao expressar gratidão dessa forma, você está alinhando sua energia com a abundância e abrindo espaço para receber ainda mais. Lembre-se de que a gratidão é uma forma poderosa de atrair mais prosperidade para sua vida. Quanto mais você reconhece e aprecia as bênçãos financeiras presentes em sua vida, mais você atrai experiências financeiras positivas para si mesmo(a).

Portanto, reserve um tempo todos os dias para praticar a gratidão financeira e cultivar uma mentalidade de abundância e prosperidade. Ao fazer isso, você está criando uma base sólida para uma vida financeira mais gratificante e abundante, alinhada com os princípios fundamentais dos ensinamentos de Neville Goddard.

### Seja Consciente das Suas Crenças Limitantes:

Nos ensinamentos de Neville Goddard, reconhecer e superar nossas crenças limitantes é fundamental para manifestar uma vida de abundância e prosperidade financeira. Muitas vezes, nossas crenças arraigadas sobre dinheiro e sucesso financeiro podem nos impedir de alcançar nossos objetivos financeiros.

Para iniciar esse processo de auto-reflexão, reserve um tempo para examinar suas crenças sobre dinheiro e prosperidade. Pergunte-se honestamente quais pensamentos e crenças você mantém em relação ao dinheiro. Por exemplo, você acredita que "dinheiro é difícil de conseguir" ou "só os sortudos ficam ricos"? Identificar essas crenças limitantes é o primeiro passo para transformá-las.

Uma vez identificadas suas crenças limitantes, desafie-as ativamente. Questione a validade dessas crenças e reconheça que elas são apenas histórias que você se acostumou a contar a si mesmo(a). Em seguida, substitua essas crenças por afirmações positivas e capacitadoras. Por exemplo, ao invés de acreditar que "dinheiro é difícil de conseguir", repita para si mesmo(a) afirmações como "eu sou capaz de atrair dinheiro com facilidade e alegria" ou "o dinheiro vem para mim de maneira abundante e sem esforço".

Ao praticar essa substituição consciente de crenças limitantes por afirmações positivas, você está reprogramando sua mente para a abundância e abrindo espaço para receber mais prosperidade em sua vida. Lembre-se de que suas crenças têm o poder de moldar sua realidade, e ao escolher acreditar em uma mentalidade de abundância, você está dando um passo importante em direção ao sucesso financeiro.

Portanto, seja consciente das suas crenças limitantes, desafie-as e substitua-as por afirmações positivas e capacitadoras. Ao fazer isso, você alinhará sua mente com a prosperidade e criando as condições para uma vida financeira mais abundante e gratificante, em harmonia com os princípios fundamentais dos ensinamentos de Neville Goddard.

### Crie um Plano Financeiro:

Um dos pilares essenciais para alcançar a prosperidade financeira, de acordo com os ensinamentos de Neville Goddard, é a criação de um plano financeiro sólido e bem estruturado. Este plano é uma ferramenta poderosa que o(a) ajudará a definir suas metas financeiras e traçar o caminho para alcançá-las.

Para criar seu plano financeiro, comece estabelecendo metas financeiras claras e específicas. Pergunte a si mesmo(a): O que eu quero alcançar financeiramente? Isso pode incluir a quitação de dívidas, a criação de uma reserva de emergência, a compra de uma casa, a aposentadoria confortável, entre outros objetivos. Ao definir suas metas, certifique-se de que elas sejam alcançáveis e mensuráveis.

Em seguida, crie um orçamento realista que reflita suas metas e suas despesas. Liste todas as suas fontes de renda e todas as suas despesas mensais, incluindo moradia, alimentação, transporte, entre outros. Identifique áreas onde você pode reduzir gastos e direcione essas economias para suas metas financeiras.

Além disso, acompanhe seus gastos regularmente para

garantir que você esteja aderindo ao seu orçamento e fazendo progresso em direção às suas metas. Faça ajustes conforme necessário e esteja aberto(a) a reavaliar e adaptar seu plano conforme sua situação financeira evolui.

É importante incluir objetivos de curto prazo e de longo prazo em seu plano financeiro. Os objetivos de curto prazo podem ser alcançados em um período de um a dois anos, enquanto os objetivos de longo prazo podem levar mais tempo para serem alcançados, como cinco, dez ou vinte anos. Ao dividir suas metas em pequenos marcos alcançáveis, você manterá o foco e a motivação ao longo de sua jornada financeira.

Por fim, mantenha-se comprometido(a) com seu plano financeiro e persista mesmo diante dos desafios. Lembre-se de que a jornada rumo à prosperidade pode ter altos e baixos, mas com determinação e disciplina, você alcançará seus objetivos financeiros e manifestará uma vida de abundância e realização.

Ao praticar essas estratégias e exercícios inspirados nos ensinamentos de Neville Goddard, você estará fortalecendo sua mentalidade de abundância e criando as condições para uma vida financeira próspera e gratificante. Lembre-se sempre de que você possui o poder de moldar sua própria realidade e de criar a vida que deseja. Com dedicação, prática e confiança no processo, você pode navegar pelas marés financeiras com sucesso e alcançar todos os seus objetivos financeiros.

# CAPÍTULO 8: CRIANDO UM FUTURO DE ABUNDÂNCIA

Chegamos ao fim deste livro, mas o verdadeiro caminho rumo à abundância está apenas começando. Neste capítulo final, vamos traçar um plano de ação final para continuar o crescimento financeiro além destas páginas. Além disso, vamos explorar algumas técnicas inéditas, inspiradas nos ensinamentos de Neville Goddard, para ajudá-lo(a) a manifestar uma vida de prosperidade contínua.

Para começar, é fundamental manter a prática das técnicas que aprendemos ao longo deste livro. Reserve um tempo todos os dias para visualizar sua vida financeira ideal, sentir gratidão pelas bênçãos presentes em sua vida e desafiar quaisquer crenças limitantes que possam surgir. Quanto mais você se comprometer com essas práticas, mais poderosas elas se tornarão em sua vida.

Além disso, vamos mergulhar mais profundamente em uma técnica revolucionária baseada nos sagrados ensinamentos de Neville Goddard: a técnica da afirmação específica. Em vez de recorrer a afirmações genéricas e vagas, como "eu sou próspero", desafie-se a criar afirmações que sejam tão precisas quanto a mira de um arqueiro. Essa abordagem específica direciona a energia do seu pensamento de forma ainda mais precisa, aumentando sua eficácia na manifestação de seus objetivos financeiros.

Imagine-se, por um momento, imerso(a) em uma realidade na qual seus desejos financeiros já se realizaram. Visualize cada detalhe dessa realidade, desde o montante exato de dinheiro em sua conta bancária até as sensações de alegria e gratidão que você experimenta ao perceber seu sucesso financeiro. Agora, transforme essa visualização em uma afirmação específica e poderosa, como "Sou grato(a) por receber um aumento salarial significativo este ano".

Ao formular afirmações específicas dessa maneira, você está enviando uma mensagem clara e direta ao universo sobre seus objetivos financeiros. Essas afirmações não apenas reforçam sua crença na realização desses objetivos, mas também ativam poderosas forças criativas que trabalham em seu favor para tornar sua realidade desejada uma verdade manifesta.

Portanto, desafie-se a ser específico(a) ao criar suas afirmações financeiras. Seja claro(a) e detalhado(a) em suas descrições e visualize vividamente cada aspecto da sua vida financeira ideal. Ao fazer isso, você fortalecerá sua conexão com a abundância e abrindo caminho para a realização plena de seus sonhos financeiros.

Por fim, quero deixar algumas reflexões finais sobre o poder da mente na criação da realidade e na conquista da prosperidade. Lembre-se de que somos os arquitetos de nossa própria realidade e que nossos pensamentos têm o poder de moldar nosso destino. Ao cultivar uma mentalidade de abundância e agir de acordo com essa mentalidade, você está plantando as sementes para um futuro de prosperidade e sucesso.

Em resumo, o segredo para criar um futuro de abundância está em manter a prática das técnicas aprendidas, explorar novas abordagens inspiradas nos ensinamentos de Neville Goddard e nunca perder de vista o poder da mente na criação da realidade. Com dedicação, comprometimento e fé em si mesmo(a), você está no caminho certo para alcançar todos os seus objetivos financeiros e manifestar uma vida de abundância em todas as áreas. O futuro está em suas mãos - vá em frente e crie a vida que você merece!

# CONSIDERAÇÕES FINAIS

Ao chegarmos ao fim desta jornada, é importante recapitular os principais pontos que foram abordados ao longo deste livro. Desde a exploração dos ensinamentos transformadores de Neville Goddard até a prática de técnicas poderosas para manifestar prosperidade financeira, cada capítulo foi uma etapa crucial no caminho rumo à realização dos seus objetivos financeiros.

Refletimos sobre a importância de despertar para a abundância, reconhecendo e desafiando crenças limitantes que podem estar impedindo o seu progresso. Exploramos a magia da visualização criativa e o poder das afirmações positivas na criação da realidade financeira que você deseja. Aprendemos a transformar dívidas em oportunidades e a cultivar práticas diárias que fortalecem nossa conexão com a abundância.

Além disso, examinamos histórias reais de sucesso e testemunhos inspiradores de indivíduos que transformaram suas vidas financeiras por meio dos ensinamentos de Neville Goddard. E, por fim, exploramos estratégias para lidar com desafios financeiros e manter-se firme no caminho da prosperidade.

Neste momento final, quero incentivá-lo(a) a persistir em sua jornada em direção à riqueza e à abundância. Lembre-se de que você é o(a) autor(a) da sua própria história financeira e que possui o poder de moldar seu destino. Continue a praticar as técnicas e os princípios que aprendeu neste livro, mantendo sempre a fé em si mesmo(a) e na sua capacidade de alcançar seus objetivos.

Não se deixe desanimar pelos obstáculos que possam surgir no seu caminho. Cada desafio é uma oportunidade de crescimento e aprendizado. Mantenha o foco nas suas metas, visualize seu sucesso com clareza e confie no processo. Com determinação, persistência e uma mentalidade de abundância, você está no caminho certo para manifestar uma vida de prosperidade em todas as áreas.

Portanto, siga em frente com coragem, sabedoria e gratidão. Seu futuro financeiro está em suas mãos, e estou confiante de que você alcançará grandes realizações. Que esta jornada seja apenas o começo de uma vida repleta de sucesso, felicidade e abundância em todos os aspectos. Que você possa prosperar além dos seus sonhos mais audaciosos. O mundo é seu para conquistar!

# APÊNDICE: RECURSOS E FERRAMENTAS ADICIONAIS

Neste apêndice, você encontrará uma seleção de recursos adicionais para aprofundar seu conhecimento sobre os ensinamentos transformadores de Neville Goddard. Além disso, disponibilizamos planilhas e ferramentas práticas para auxiliar na gestão financeira e no desenvolvimento pessoal.

**Recursos sobre os Ensinamentos de Neville Goddard:**

- Livros: Explore obras fundamentais escritas por Neville Goddard, como "O Poder da Consciência" e "A Lei da Mente".

- Palestras e Áudios: Acesse palestras e áudios inspiradores de Neville Goddard, disponíveis em diversas plataformas online.

- Websites e Fóruns: Visite websites e fóruns dedicados aos ensinamentos de Neville Goddard, onde você pode encontrar discussões e recursos adicionais.

**Ferramentas para Gestão Financeira:**

- Planilha de Orçamento: Utilize uma planilha de orçamento para acompanhar suas receitas e despesas, ajudando a manter suas finanças sob controle.

- Calculadoras Financeiras: Explore calculadoras online que podem ajudá-lo(a) a planejar seus investimentos, calcular empréstimos e muito mais.

- Aplicativos de Finanças Pessoais: Experimente aplicativos de finanças pessoais que oferecem recursos como categorização de despesas, alertas de vencimento e visualizações gráficas.

**Ferramentas para Desenvolvimento Pessoal:**

- Diário de Gratidão: Mantenha um diário de gratidão para registrar diariamente as coisas pelas quais você é grato(a), fortalecendo sua mentalidade positiva.

- Meditação Guiada: Explore meditações guiadas disponíveis online para ajudá-lo(a) a reduzir o estresse, aumentar a clareza mental e cultivar a paz interior.

- Exercícios de Visualização: Experimente exercícios de visualização guiada para fortalecer sua habilidade de manifestar seus desejos e metas.

Esses recursos e ferramentas adicionais foram selecionados para apoiar sua jornada rumo à prosperidade financeira e pessoal. Não hesite em explorá-los e adaptá-los às suas necessidades individuais. Lembre-se sempre de que o conhecimento é uma ferramenta poderosa e que a prática consistente leva à maestria. Que esses recursos o(a) inspirem e o(a) auxiliem a alcançar seus objetivos com ainda mais sucesso e gratidão.